Gallery Books
Eagarthóir Ginearálta: Peter Fallon

ADHARCA BROIC

Leis an údar céanna

Dánta
    Anatomy of a Cliché (1968)
    Selected Poems (1970)
    A Farewell to English (1975)
        Enlarged edition (1978)
    The Retreat of Ita Cagney/Culú Ide (1975)
    Poems in English (1977)
    Prisoners (1977)

Leaganacha agus aistriúchdin
    Tao (1963)
    The Hag of Beare (1969)
    Gipsy Ballads (1973)

Ina chomheagarthóir ar
    Arena (1963-65)
    Choice (1973)

Michael Hartnett/
Mícheál O hAirtnéide

Adharca Broic

Gallery Books

Tá dhá eagrán de *Adharca Broic* á bhfoilsiú in éineacht, eagrán amháin faoi chlúdach páipéir agus an t-eagrán eile faoi chlúdach lín.
The Gallery Press,
19 Oakdown Road,
Dublin 14. Ireland.

ISBN 0 902996 74 6 (*clúdach páipéir*)
0 902996 75 4 (*clúdach lín*)

Buíochas
Gabhaimid buíochas le heagarthóirí na bhfoilseachán seo a leanas mar ar cuireadh cló ar chuid de na dánta seo de chéad uair: *Comhar, Cyphers, Feasta, The Goldsmith Press, Hibernia, The Irish Press* agus *The Stony Thursday Book.*

Is mian le The Gallery Press buíochas a ghabháil leis an gComhairle Ealaíon as a gcabhair chun roinnt dá gcuid leabhar a fhoilsiú agus le Proinsias Ní Dhorchaí as a cabhair chun an leabhar seo a chur in eagar.

Clár

Sinsir

Dobharchú mé, biolar mo bhrat
brácaim an bradán, mo bhráthair.
Breac mé is eascann faoi bhun easa,
saighead uisce is lúbaire—
breac mé is bradán,
dobharchú, eascann.
Mise an spéir, an t-aer is an tEarrach
mise an t-iasc is an t-uisce
mise an chré faoi mo chosa
Dia agus duine
réalta mise i measc na n-ardreann
mise na hardreanna, de shoilse déanta
mise an t-éan is an t-ainmhí
clúmh agus fionnadh
ainmhí éanúil aonarach aonta mise
eolas ag borradh i mo chloigeann
mar shíolbhach i mblaosc uibhe
anam is intinn is intleacht bric
anam is intinn is intleacht toir
anam is intinn is intleacht fir
duine agus cruinne.

An Giorria

Ba dhomhan glas é.
Bhí smaointe glasa
ag lúbadh go ciúin
i bpáirc a haigne.
Boladh bó, boladh bainne
forbairt fhréamh-mhilis
faoi thalamh.

Chuala sí toirneach.
Thit an spéir ar a droim.
D'alp an sliabh an ghrian siar.
Múchadh an domhan
mar chipín solais lá gaoithe.
Bhíog a hál istigh faoi chlúmh beo
a boilg.
Bhí a súile ar oscailt,
screamh an bháis ag lot
an ghliondair,
ag lot na loinreach.

Maith dom é, a chailín.
Ní raibh aon scian agam
chun do chlann a shábháil.
Maith dom é.

An Dobharchú Gonta

Dobharchú gonta
ar charraig lom
ga ina taobh,
í ag cuimilt a féasóige
ag cuimilt scamaill a cos.

Chuala sí uair
óna sinsir
go raibh abhainn ann,
abhainn chriostail,
gan uisce inti.

Chuala fós go raibh breac ann
chomh ramhar le stoc crainn,
go raibh cruidín ann
mar gha geal gorm:
chuala fós go raibh fear ann
gan luaith ina bhróga,
go raibh fear ann
gan chúnna ar chórdaí.

D'éag an domhan
d'éag an ghrian i ngan fhios di
mar bhí sí cheana
ag snámh go sámh
in abhainn dhraíochta an chriostail.

Dán Práta

Inniu chuir mé mo dhánta,
aoileach, scian, scealláin:
an pháirc mo phár bán
an rámhainn mo pheann.

Tiocfaidh na gasa ina ndídeann glas
ceann ar cheann
tiocfaidh an bláth bán is croí ina lár
mar sheile ón ngrian.

A dhalta, ná bí díomhaoin
aon bailigh do threalamh le chéile
mar táid filí na tíre
ag atreabhadh úir na hÉireann
is fágfar tusa i do bhochtán
gan phráta, gan dán.

Do thál bó na maidine
ceo bainne ar gach gleann
is tháinig glór cos anall
ó shleasa bána na mbeann.
Chonaic mé, mar scáileanna,
mo spailpíní fánacha,
is in ionad sleán nó rámhainn acu
bhí rós ar ghualainn cháich.

Teanga Mise

Teanga mise, an líon a bhailíonn gach iasc.
Uaisle mé ná tír ar bith,
Uaisle mé ná eaglais.
Uaisle mé ná na mairbh thírghrácha,
Ní cailleach mise, ná cráin ársa:
Ní Róisín mé, ná seanbhean chríonna:
Ní ógbhean mé faoi iompar ríona.
Uaisle gach teanga ná
mórtas aon treibhe
ná taibhreamh aon rialtais aird.
Is oraibh a cuireadh an dallamullóg
is púicín náire ar bhur n-aghaidh
níl de ghlóirmhian uaibh anois
ach cur síos beag sa *Sunday Times*.
Tá eagla oraibh an cuirtín páipéir
a sracadh ó bhun go barr—
claí a chuir an Eoraip is an domhan faoi cheilt:
níl gá le pas ag litríocht ard.
Is sibhse an chéad ghlúin
nach bhfuil oraibh leithscéal a thabhairt:
ní mhaireann an gorta níos mó daoibh,
masla ná fonóid.
Dhein an eaglais mairtíreach díom
Dhein tírghráthóirí smíste díom
Dhein Gaeilgeoirí rud naofa díom.
Ach is teanga gháirsiúil mé
frith-Éireannach—
teanga nach bhfuil uaithi
pioc den bhorb-bhéarlachas.
Ní cailín aimsire mé
ná críostaí dána:
Mise an mhallacht is an droch-chaint
a chloistear sa teach tábhairne:
mise ceol anama, siansa álainn.
Ní ógbhean mé faoi iompar ríona:
Ní Róisín mé, ná seanbhean chríonna:
Ní cailleach mise, ná cráin ársa.
Uaisle mé ná na mairbh thírghrácha
Uaisle mé ná an eaglais
Uaisle mé ná tír ar bith:
Teanga mise, an líon a bhailíonn gach iasc.

An Muince Dreoilíní

do Mhícheál Ó Ciarmhaic, file

I mo bhuachaill óg, fadó fadó,
    d'aimsíos nead.
Bhí na gearrcaigh clúmhtha, fásta,
    is iad ag scread.

D'éirigh siad—is thuirling
    arís ar m'ucht
Ormsa bhí muince clúimh
    sa mhóinéar fliuch.

Níor dhuine mé ach géag crainn
    nó carn cloch
ach bhí iontas crua nár bhraith siad
    ag bualadh faoi m'ucht.

B'in an lá ar thuirling ceird
    a éilíonn ómós:
is d'fhág a n-ingne forba orm
    nár leigheasadh fós.

An Garrán

Cinniúint innill, déanamh bóthair;
Cinniúint fir, cailliúint gach ar thóg sé.

Is é ina bhuachaill, chuir sé plandaí
atá fásta suas anois ina gcrainn.
Éiríonn sé lá, tá a gharrán éignithe
Chíonn sé uaidh na stoic réabtha
mar leanaí marbha tar éis pléisce:
masla don domhan, masla dó féin é.
Cuireann a rásúr i mála
leabhar an phinsin, seanscáthán:
is tréigeann sé an garrán.
Do pósadh é fadó
le tuí, le speal,
le giúirléidí cró.
I bhfuinneog bhriste
fágann sé a stair:
tréigeann sé a gharrán,
tréigeann sé é féin—
mar is eisean an fhuinseog,
is eisean an dair.
Ní thuigeann an t-inneall é.

An Séipéal Faoin Tuath

Scuabann an gleann amach iad
mar lasta póca gach Domhnach,
don mhá, go cluainte ramhra,
an mhuintir seo, glic, sonasach,
mar fhoirne rince bailithe
le hais balla sheanteach Dé,
lámh chara in uilinn charad
námhaid ag seachaint námhad:
an síor-rince amaideach.
Capaill uaigneacha anseo is ansiúd
ceangailte ina gcodladh:
gluaisteáin faoi cheilt
faoi sceach nó chlaí nó chró
is miongháirí glasa as na crainn
a chonaic Icarus ina bhacach uair.
Is capall uaigneach an pobal seo
ag dul amú san fhichiú haois
chomh tuathalach le fear ag rince
le bean rialta ag bainis.

An tSochraid Mheidhre

1
Den fhear níl fágtha ach leac.
   Thóg sé falla atá clochfhoirfe fós.
   Leasaigh sé talamh atá ramhar fós.
   Do chrúigh sé bo atá beo fós.
   Bhrúigh sé cuntar atá beorach fós.
   Ach níor chaoin an falla,
   Níor chaoin an talamh.
   Tá an bhó lánsásta le méara eile,
   Tá an cuntar i ngrá le huilinn eile.
Den fhear níl fágtha ach leac.
Dearmhadann nithe neach.

2
Bhí dol i ngach áit roimhe:
dol an mheasa ar na bóithre,
dol na cabhrach i bpáirc an Fhómhair,
dol cineáltais i lár an mhargaidh,
in am na breoiteachta, dol an bhuíochais,
is an dol ba ghlice ins an gcistin:
dol dothréigthe nimhneach aoise.
An bhroinn a rug é, ba í do chuir iad.

3
As deatach is cloig atá an chistin déanta,
corcáin dhubha, cathaoireacha aosta,
súile dearga móna, bruscar compordach,
is seanbhean ann chomh fada sin
go bhfuil sí féin ag teacht chun a bheith
ina deatach, ina clog:
a croí ina chorcán dubh
a corp ina chathaoir aosta
a súile ina ngríosach mhóna
a hanam ina bhruscar.
   D'éag an mháthair, d'éag an teaghlach:
   thréig an mac an chré.

4

Tá an turas rófhada, an turas go dtí na páirceanna,
striapach gan tada uaithi doras an tí tábhairne:
tá na hacraí slinn eadrainn, is ráfla bláth,
ráfla cumhra a thiteas orainn ó smólaigh arda:
féar faoi leaca brúite, crainn faoi sreanga báite,
clós an dúna dúnta, oícheanta gan scáth:
tá an turas seo rófhada, is táimse tnáite.
Tá an turas rófhada, an turas go dtí na páirceanna.

5

Claochlaíonn seile uaine
ina seilide deas glas
is ó! an fuisce ómra is an buachaill caol dubh.
Cruinniú caipíní sa chúinne
ag labhairt go pras
is ó! an fuisce ómra is an buachaill caol dubh.
Codlaíonn deatach mar chú gorm
sa dorchadas
is ó! an fuisce ómra is an buachaill caol dubh.
An comhluadar ag cómhún
a fual fite in aonlasc
is ó! an fuisce ómra is an buachaill caol dubh.
Comhrá baoth na seanuncailí
ag plobarnaíl go fras
is ó! an fuisce ómra is an buachaill caol dubh.
Prislín pórtair ón gcuntar
ina shlabhra go dtí an casca
is ó! an fuisce ómra is an buachaill caol dubh.
Ceanglaíonn sor an uaignis
a chroí le tréan-nasc
is ó! an fuisce ómra is an buachaill caol dubh.
Éiríonn tonn an chúir
aiseag, masmas.
is ó! an fuisce ómra is an buachaill caol dubh.

6

Is iad seo suaitheantais an aonaráin:—
Buidéal folamh
Leaba gan líon
Cófra gan feoil
Madra gan bhia
Corcán gan phráta
Teallach gan tine
Airgead gan áireamh
Arán gan im air
Buicéad gan ghlanadh
Bás gan chara:—
Ba shin iad suaitheantais an aonaráin.

7

D'ólamar a shláinte sa teach tábhairne,
  Cheannaíomar *round* dá anam:
Bhuaileamar bóthar ag sodar don tórramh
  Tar éis é a thréigean sa talamh.
Le gloiní pórtair is fuisce ómra,
  Ceol agus craic agus caidreamh,
D'fhágamar slán leis gan é a cháineadh
  Is dhearmhadamar an madra.
Tháinig an Bás isteach—is é a bhí dána—
  Cheannaigh sé *round* mar aon linn:
"Ólaigí, a chairde, bead ar ais amárach"
  Bhí *fivers* go leor ina mhéara.
Shracamar a chába, bhriseamar a lámha,
  Scoilteamar a cheann le stóilín:
Chaitheamar an púca laistiar den chuntar
  Is ba ghearr go raibh an t-airgead ólta.
Thógamar é in airde amach go dtí an gairdín
  Is bhí barra faoi in áit chóiste
Chuireamar a chorp le ríl is le port
  Is mar leac air bhí bairille pórtair!

20

Domhan Fliuch

Láib, leac, linn is slaparnach
slinn, screamh, scaird is siosarnach,
sníomh crann agus púscadh caonaigh:
domhan úr na príomh-mhaidine—
an domhan mar a bhí
roimh Chríost na nduais is na bpíonós.
Cosa glasa circe: cearc shéimh uisce
ag siúl na linne, ag lorg líbín:
caonach faoi uisce—folt leannáin ag lúbadh,
ag lúbadh, ag lúbadh: lacha ag lapadaíl—
clagairt grin, cliotar cloch, gliogarnach:
cliotar, clagairt, gliog.

Mé féin faoin aer san oíche,
ag speachadh seoda sneachta i bpáirc,
gach teach reoite, gach nead phréacháin
mar ghealach dhubh ag snámh le hais na fíor-ré.
Mé féin ag damhsa faoin ngealach,
seanrince gan cheol leis ach ceol cuisle:
is mé féin go huaigneach—an seanuaigneas.

Thar imeall na spéire tá céasadh is goin
is an bás go fonóideach
a lámha ina phóca
ag feadaíl sa tsráid;
mé féin sa sneachta gealaí
ag moladh nead phréacháin—
an file go sotalach, foclach, slán.

Sneachta Gealaí '78

Sneachta gealaí ag sileadh
    trí nead phréacháin
Bainne gealaí ag stealladh
    trí chriathar cipín
Sioc agus sneachta
    ina sceilpeanna gealaí
Splancacha, splancacha,
    splancacha.
Duibhe na rós
goirme luí gréine
buíocht na sú talún:
tá dath na fola dearmhadta
anseo i nead na Mumhan.

Mé Féin

Braithim anois an méid atá
ag dul chun reilige gach lá.
Braithim brí na ndeor is na bpóg:
ní chailltí daoine nuair a bhíos óg.

Tá rian cith seaca ar mo ghruaig,
tá pléascadh foladh i ngach grua;
tá cliath ar m'éadan, port nach binn,
ceol glórghránna a scríobh an aois.

Braithim anois go bhfuilim i mo bhall
den mhuclach atá ag rith go teann
go himeall aille go cíocrach, cosach
is mise i measc na muc tosaigh.

Braithim anois an méid atá
ag dul chun reilige gach lá.
Braithim brí na ndeor is na bpóg:
ní chailltí daoine nuair a bhíos óg.

Easpa Codlata

D'eitil an solas
mar chealg neantóige
isteach i m'imrisc
d'ainneoin mo láimhe.
Dhúnas mo shúile
ach in ionad suaimhnis
chuaigh an solas
faoi chrúite órga
trasna mo mhogaill
ar cosa in airde:
mo chorp clúdaithe le seangáin chodlata,
m'intinn beo le taibhsí dorcha:
bhíos i mo bheirt, is bhíomar i ngleic.

Aigne Trí Chriathar

Tonn seile ag líonadh tobar mo bhéil
(cogar sa chúinne, cogar sa chúinne)
Easóga ag rith trí thollán gach féithe
(cogar sa chúinne, cogar sa chúinne)
Gadaí ag réabadh mo dhorais istoíche
(cogar sa chúinne, cogar sa chúinne)
Mo chorp crochta ar chrann le dealga toitíní
(cogar sa chúinne, cogar sa chúinne)
Cairde ag magadh fúm agus ag gáire
(cogar sa chúinne, cogar sa chúinne)
Suaimhneas báis mar adhairteanna bána
(cogar sa chúinne, cogar sa chúinne)
An oíche ag tafann, casachtach dhorcha
(cogar sa chúinne, cogar sa chúinne)
Na cloig ag caint is ag síorghlaoch ormsa
(cogar sa chúinne, cogar sa chúinne)
Gach blúire bia mar airc i mo scornach
(cogar sa chúinne, cogar sa chúinne)
Dordán chóiste na marbh sa chlós amuigh
(cogar sa chúinne, cogar sa chúinne)
Codladh grifín go teann i mo mhéara
(cogar sa chúinne, cogar sa chúinne)
Scamhóga mar mhálaí gainimh i mo chléibh istigh
(cogar sa chúinne, cogar sa chúinne)
Mo bhean is mo chlann i dtimpiste clipthe
(cogar sa chúinne, cogar sa chúinne)
Mo chroí istigh ag borradh mar lamhnán muice
(cogar sa chúinne, cogar sa chúinne)
Scríobadh neantóg amuigh leis an bhfalla
(cogar sa chúinne, cogar sa chúinne)
Uaill mhadra a scanraíonn a macalla
(cogar sa chúinne, cogar sa chúinne)
Na crainn ag fás go hard uafásach
(cogar sa chúinne, cogar sa chúinne)
An Codladh romham, is dubh é a chába
(cogar sa chúinne, cogar sa chúinne).

Rousseau i Mo Chlós

do Chliodna Cussen

"Ní ealaín go cathair"
    dúirt saoi liom tráth.
Níor chreideas é
    —ní gan fáth.

Maisíonn Picasso m'fhuinneog
    le sioc gach bliain,
Leagann Modigliani lámh
    ar ghéag gach crainn.

Bíonn Rodin ag snoí
    i stiúideo na hoíche
Míorúiltí as sneachta
    le scian ghaoithe.

San Earrach tagann Rousseau
    an Afraic ina cheann:
Cuireann pobal a aigne fúthu
    i ngach crann:
    ó gach fuinseog
    tagann ceol,
    codlaíonn giofóg
    seasann leon.
Is gach oíche le luí gréine
    gan aon agó
Bíonn síleál Sistíneach os mo chionn
    a bhreach Michelangelo.

Tá cnuasach ealaíne
    i ngach iothlann atá
ar crochadh in áiléar
    Theampall an Ghleanntáin.

Dán do Lara

Fuinseog trí thine
gruaig do chinn
ag mealladh fuiseoige
le do ghlór binn
i bhféar glas,
is scata nóiníní
ag súgradh leat
is scata coiníní
ag damhsa leat
an lon dubh
is a órghob
mar sheoid leat
lasair choille
is a binneas
mar cheol leat.
Is cumhracht tusa
is mil, is sú talún:
ceapann na beacha féin
gur bláth sa pháirc thú.
A bhanríon óg thír na leabhar
go raibh tú mar seo go deo
go raibh tú saor i gcónaí
    ó shlabhra an bhróin.

Seo mo bheannacht ort, a chailín,
is is tábhachtach mar bheannú é
go raibh áilleacht anama do mháthar leat
    is áilleacht a gné.

Dán do Niall

Mo thrua nach mairfidh tú go deo
i dtír na nead, do Thír na n-Óg,
tír mhíorúiltí faoi chlocha,
tír sheangán:
tír na dtaibhsí dearga, tír fholláin.

Mar, tá an saol ag feitheamh leat
le foighne sionnaigh ag faire cearc:
cearca bána d'aigne úire—
scata fiáin
ag scríobadh go sonasach i bpáirc.

Más é an grá captaen do chroí
bíse teann ach fós bí caoin:
ainmhí álainn é an sionnach rua
ach tá fiacla aige atá gan trua.
Seachain é, ach ná goin:
Bí sonasach ach bí righin.

Beadsa ann d'ainneoin an bháis,
mar labhraíonn dúch is labhraíonn pár:
Beidh mé ann in am an bhróin,
in am an phósta, am an cheoil:
Beidh mé ann is tú i d'fhear óg—
Ólfad pórtar leatsa fós!

Dán do Rosemary

As an saol lofa seo
gabhaim leat leithscéal:
as an easpa airgid atá
ár síorsheilg thar pháirc
ár bpósta mar Fhionn
gan trua gan chion
ag bagairt ar do shacs-chroí bog ceanúil.
Gabhaim leat leithscéal
as an teach cloch-chlaonta
as fallaí de chré is de dheora déanta—
do dheora boga:
an clog leat ag cogarnach
ag insint bréag,
an teallach ag titim as a chéile.
Téim chugat ar mo leithscéal féin:
m'anam tuathalach, m'aigne i gcéin,
an aois i ngar dom, le dán i ngleic,
i mo gheocach sa tábhairne ag ól is ag reic.
Thréig mé an Béarla
ach leatsa níor thug mé cúl:
caithfidh mé mo cheird
a ghearradh as coill úr:
mar tá mo gharrán Béarla
crann-nochta seasc:
ach tá súil agam go bhfuil
lá do shonais ag teacht.
Cuirfidh mé síoda do mhianta ort lá
Aimseoimid beirt ár Meiriceá.

Culú Íde

1

Níor fháisc a ndamhsa a brón
    ná a mbróga snasta troma
a caoi: níor fháisc a gculaith nua
    ná crónán crua a bhfonn
a léan. Bhí an deatach ina lann
    gorm speile ann is do bhain
boladh báistiúil a gcótaí móra
    béic as scornach na cistine.

Mar chealg neantóige an snaois
    ina srón. Chaoin sí le feirg
is lean an t-olagón mantach í
    mar scréachaíl bhoilg faoi mheirg.
Bhí níos mó aithne ag an mnaoi
    —bean nite chorp an fhir
ná mar a bhí aici féin riamh,
    a bhean chéile, le bliain anois.

Las na ballaí lóchrann aoil
    di, í i gcochall síoda faoi cheilt:
níor thuig fáth a bróin i gceart
    is í ar fán gan bheart gan seift.
Lann scine gan loinnir súl
    an Deirdre ghruama seo gan laoch:
phreab seitreach an dúchais léi
    strus tnáite chapaill faoi chéacht.

2

Dhein fearthainn na hoíche glib
mharmair dhuibh ar a ceann
is bhí ribe liath amháin
ina scamh gheal airgid ann.

Gág dhomhain amháin ina clár
éadain, snoite ann le fuath
ag scoilteadh cearnóg a cinn,
sreang péine greamaithe go dlúth.

A malaí tanaí mar lorg pinn
buailte go beacht, cruinn ar phár
ribe i ndiaidh ribe go slím
—obair shaoir ghlic gan cháim.

Bhí a srón róchnámhach, nocht
is a haghaidh bhocht mar aghaidh scáil:
le gáire aerach ní théadh
rós a polláirí riamh i mbláth.

Bhí réaltaí beaga óir
i ngormlóchrann a súl,
súile a pósadh ar mhaithe le spré
is nach bhfuair ach mórfhuath.

Bhí líne álainn ar a beol
uachtar mar órchlúmh bog éin:
i mborradh ramhar an bheoil
íochtair shoilsigh deoir an léin.

Smig agus giall mín nár lag;
cnámha teannmhúnláilte faoi shnua,
cnámha beaga, lúbacha, briosca
mar chloigeann fiosach mhadra rua.

Bhí a scornach bhán gan sian
gan roic na haoise, gan líon
féitheog; gan fealltóir mná
le feiceáil sa cholún mín
Bhí gach ball eile clúdaithe faoi dhubh-olla a gúna.

3
Scoilt prásding na soilse
        dorchadas na sráide:
leathscáth fir i leath na dinge
clúmh a shróine ina ngasa órga
gruaig a chinn ina coirníní órga.

Bhí stoda greamaithe i lár a scornaí
le bóna stríocach a léine,
loinnir ann mar dhealg óir.
Sa chistin do tharcaisnigh

gáir chochaill Íde
boladh na blonaige
boladh an loingeáin.

Thit an laiste maide ina nead:
dúnadh an doras gan athoscailt
go bráth.

4
Ní raibh de bhainis ann
ach anraith is arán.
 Luíodar chun codlata
 gan Bhíobla, gan ola:
 lámh an fhir go dlúth
 mar ghearrcach i nead a gruaige.

B'in an codladh a bhí sámh,
 a uchtsan ar a hucht
 a lámhsan ar a láimh
 tar éis aithne is eolas corp:
codladh gan chuimhne ar phósadh fadó
codladh an phósta nua—
 gan rince, gan ól
 gan sagart ramhar, gan sról
 gan bhagairt, gan gheall, gan mhóid.

Ach bhí aíonna ann gan chuireadh:
 drantán dian an spioraid naoimh
 grig-grag na gclog, breall na n-easpag
 ag cogarnach as éad faoi leaba a síochána.

5
Gíog leathair ata,
giolcadh éin ar fán.
Imeall a brait
ag titim síos
sa dorchadas,
eas anairte ag sileadh
le gach taobh léi.

Ceol na húma,
luascadh ama,
bualadh na gcrúb
ar bhóthar.

Gach racht tinnis chlainne
ag teacht mar dhorn
mar mhasla ón mbaile
is í i bhfolach faoi bhrat
le dhá rúnchuisle.

Ach bhí gach mac máthar
is iníon athar
ag an gcruinniú rúnda seo,
bonn airgid beannaithe ag cách,
iad lán de ghrásta
is d'íde béil,
ag spréachadh uisce Dhomhnaigh.

Tinte rabhaidh
le hais gach crosaire,
solas mar thua cheatha bhriste
ó tharra an bhóthair.

Ní raibh faic le cloisteáil
ach
forbairt na blaoisce nua
sa nead nimhneach
feitheamh na blaoisce nua
le héirí na maidine.

6
Och, a linbh bhig chompordaigh
a chraiceann an bhainne is na n-úll,
ná téir amach as an seomra
ach fan ag comhrá liom i do chlúid.

Mar tá colm ag teacht is bláth
ina ghob—tá boladh cúmhra ann:
cloisim anois an colmghríobh
ag iarraidh tú a mhealladh anonn.

Cloisim anois os cionn ár ndúna
cogar an chlúimh ag tuirlingt
an colm seo naofa, binn, bán
ní gob atá air ach tua.

Och, má thréigeann tú an nead
gan agat uaim ach gean ó mo chroí
fágfar gan trua gan ghrá
do choirpín álainn ar shliabh.

7
Lorg gealghlas gach coise san fhéar
i bpáirc bheacán aolmhar na ré,
púscadh an aoiligh the faoi mo bhonn
ag sleamhnú mar shíoda donn trí mhéara,
taibhse bainne bó bleacht do mo ghoin—
gach uile thaibhse do mo ghoin—
anseo i mo sheomra lom.

Ach uaireanta
titeann láib ghoirt óna bróga,
lasracha glasa an fhéir inti
nó coirceog shíolfhéir ar nós scuaine órga
as cába a cóta mhóir
nó steallann saghdar as úlla meirgeacha
nó lúbann dealga cuilinn mar ingne chait ghlais . . .
sea. Tá m'fhuinneog dall
is tá súile na bhfuinneog naofa
á brath siúd go teann:
níl anseo ach dorchadas buan.

Ach bíonn aislingí geala
do mo bhrathsa seal
ó gach uile chúinne ann.

8
Anocht cuirfead éadach corcra
                éadach dearg
                éadach bán
ar an seilf
agus cloisfead na coinnle ag canadh
o salutaris

Níor thugas masla do Dhia riamh:
thugas masla do chótaí Domhnaigh
　　　do chochaill lása
　　　do hataí dubha
　　　do bhailiú na bhfiacha
　　　do ghliogarnach phaidríní.

Anocht lasfad lampa an Chroí Ró-Naofa
agus chífead é ag deargadh
mar úll beag aibí
ansin i gcoim na hoíche
chífead úsc na gcoinnle
á fhí ina théad búclach bán.

9
Rince na gcomharsan
　　　ag ionsaí na tairsí—
briseadh ceol a gclocha
　　　in aghaidh an dorais,
clagairt a maslaí
　　　ar na slinnte:
ciúnas, casacht.

Fuaim chúlaithe an ghráscair
　　　cúlú a n-arm
　　　éalú na laoch
　　　chun athchruinnithe:
na tithe féin
ag gluaiseacht chun tosaigh
díon ar dhíon
ag feighil is ag feitheamh
le creachadh an tí,
í féin istigh go scanrach
ag cosaint a saighdiúirín
ó uaill leaca na sráide,
ó shúile dearga na *yeos*.

200126900